AF587537

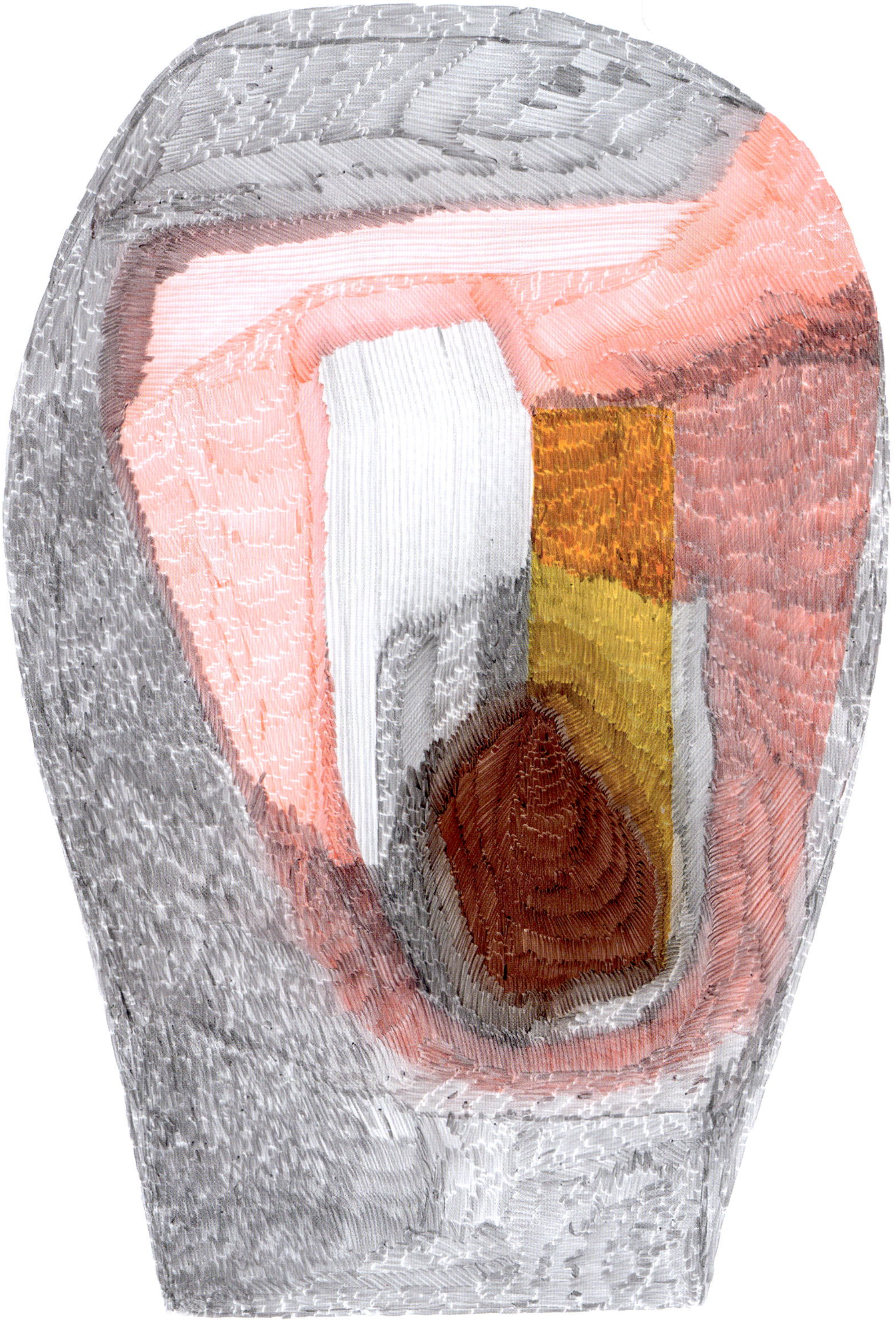

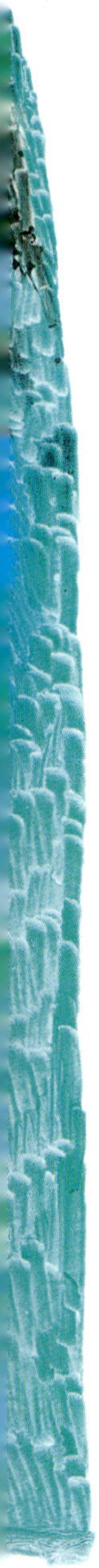

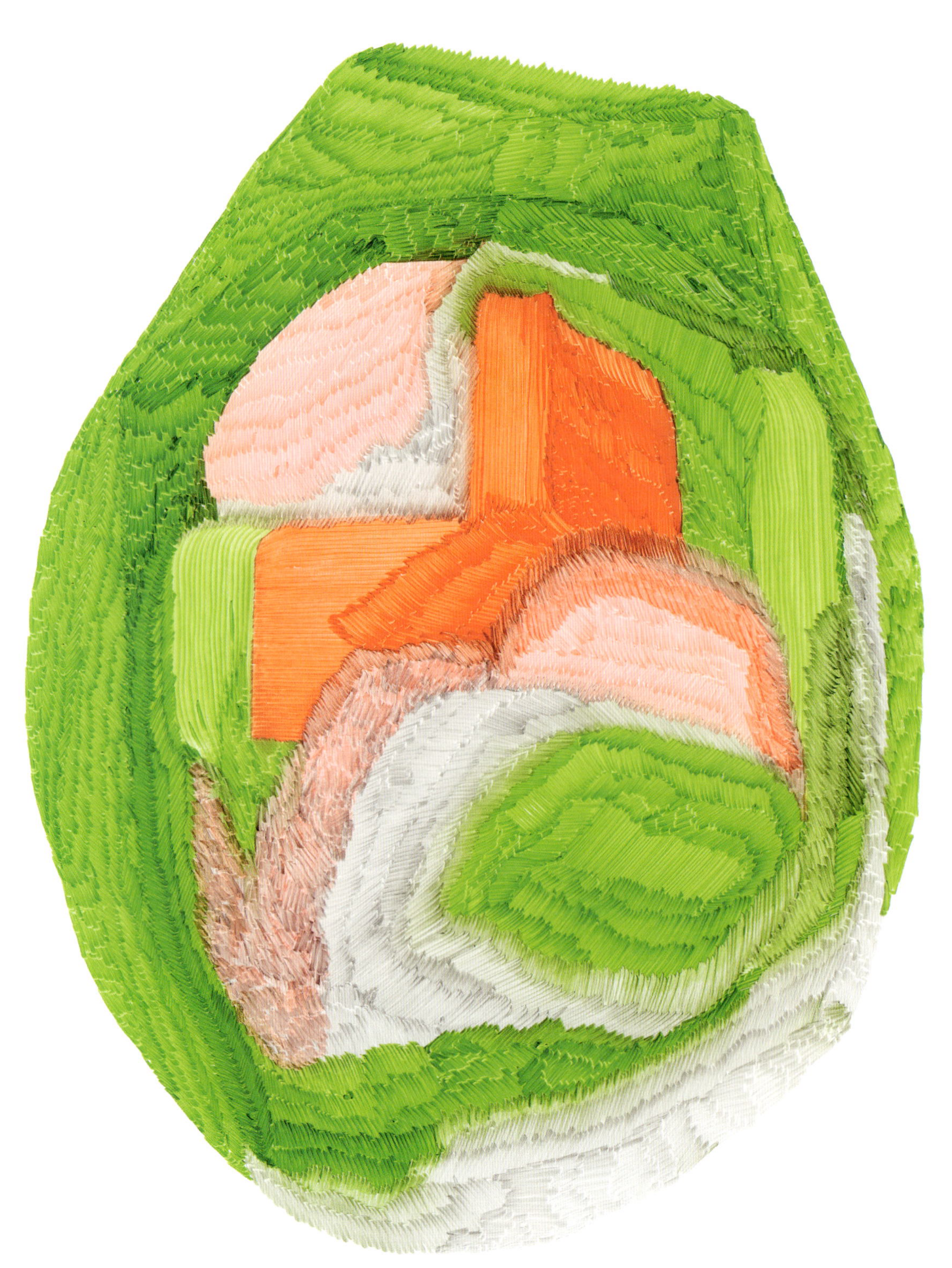

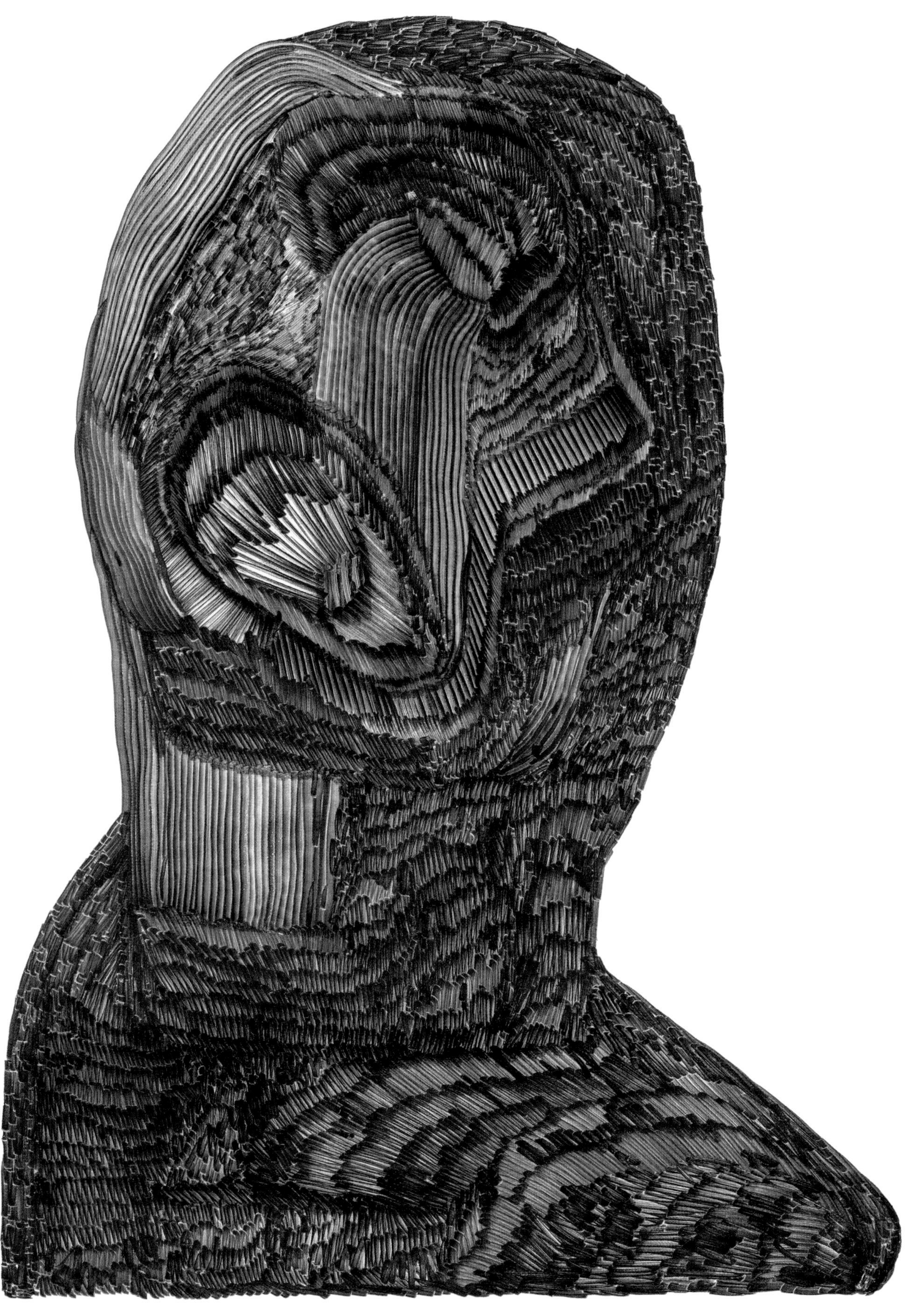

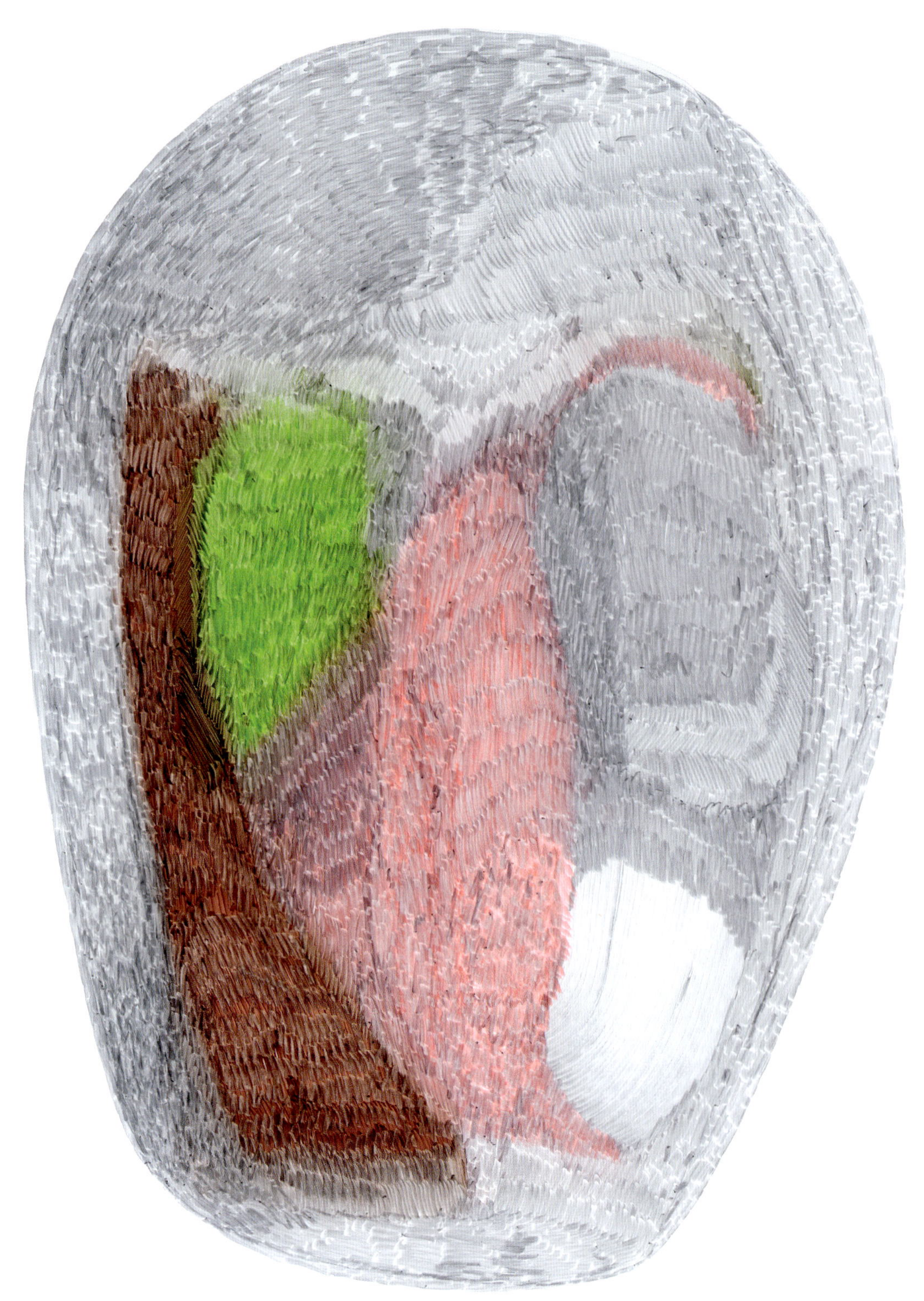

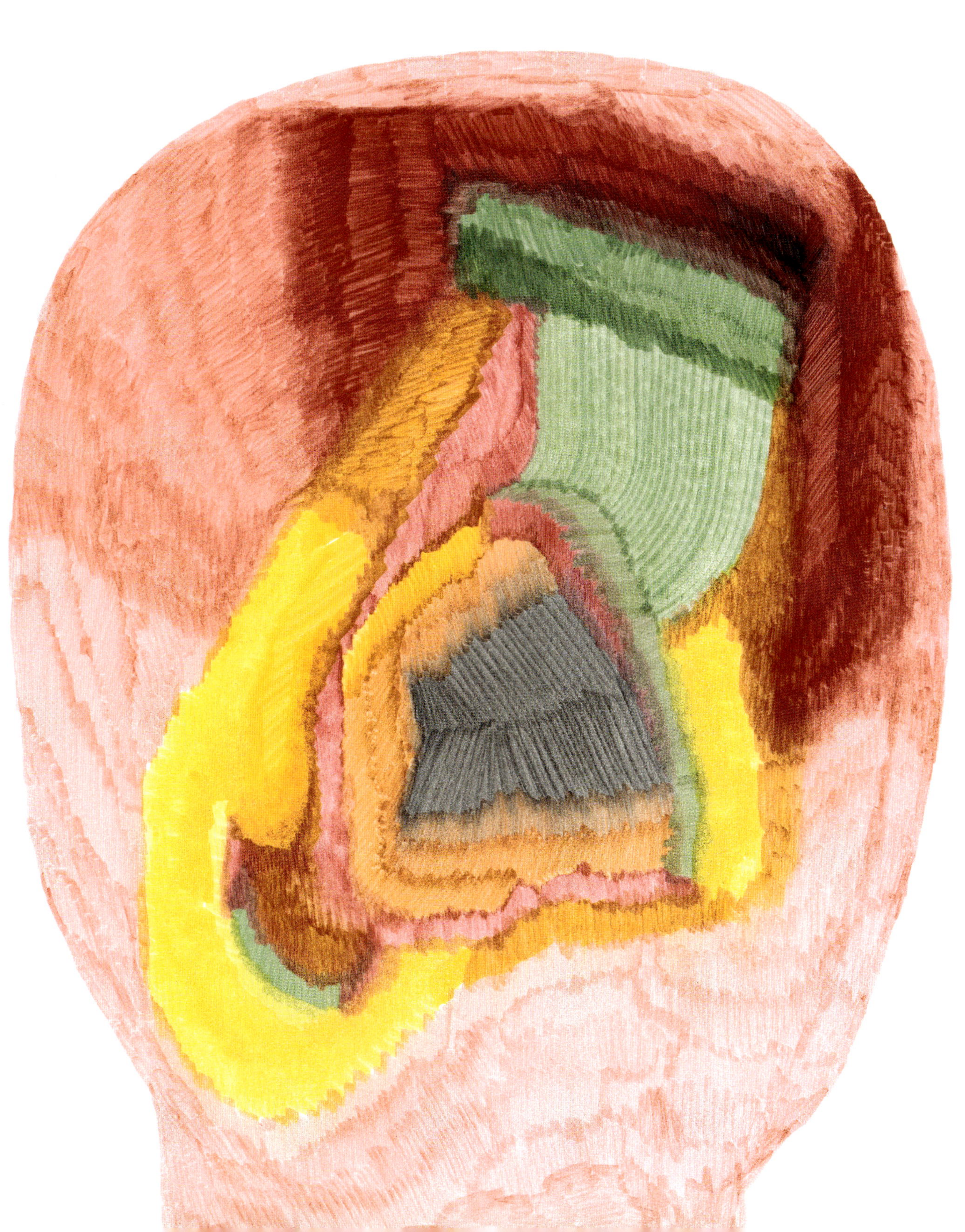

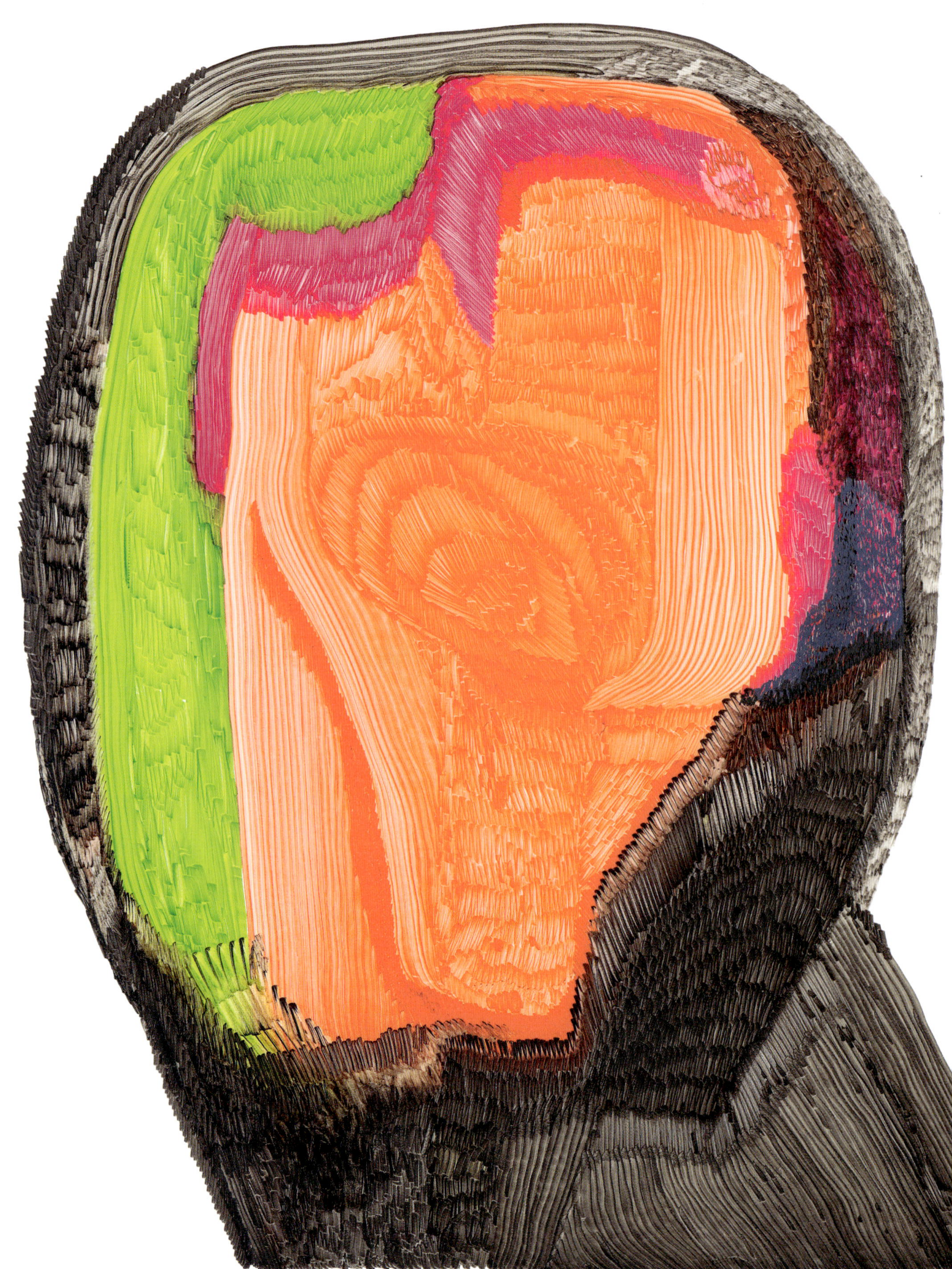

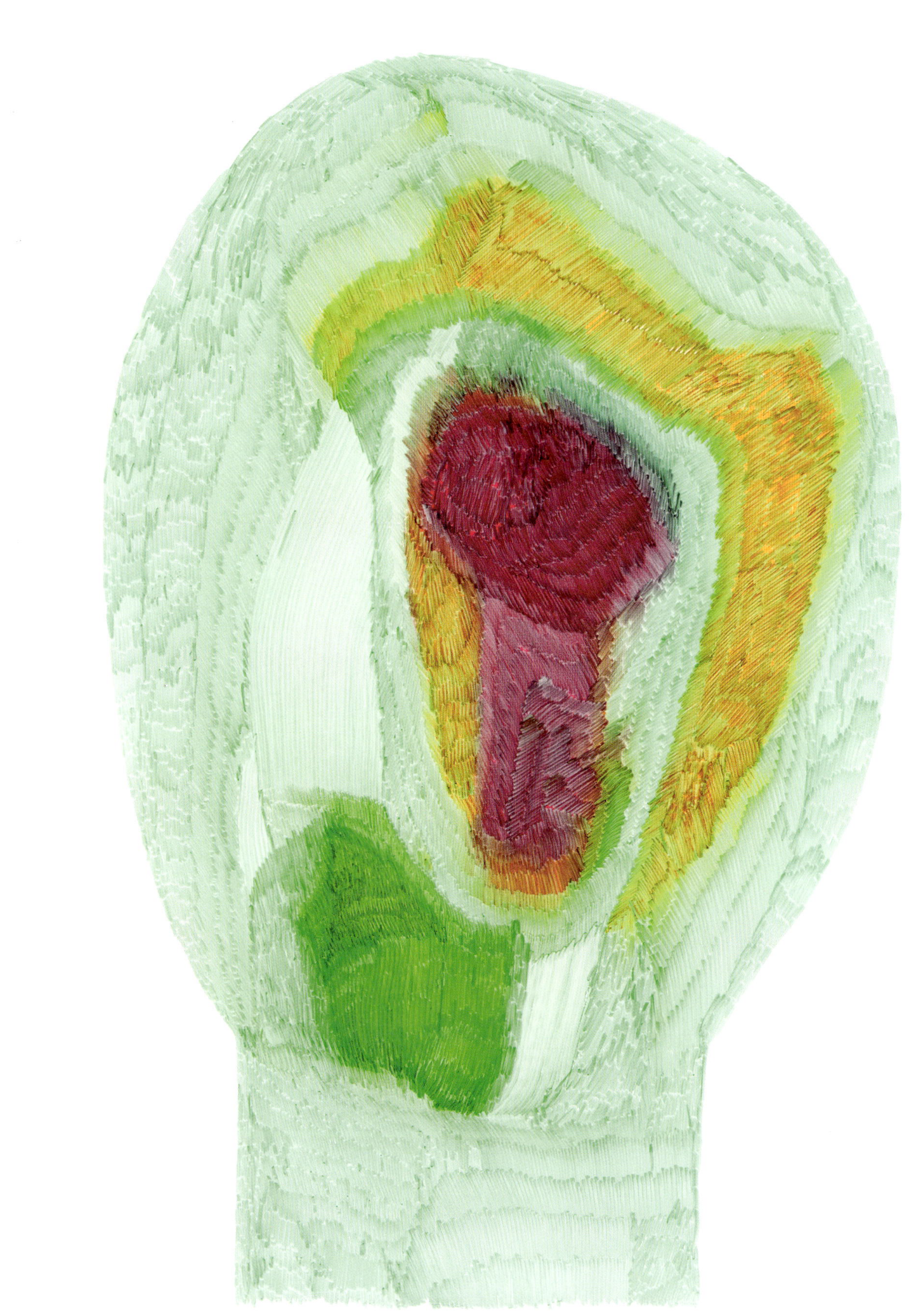

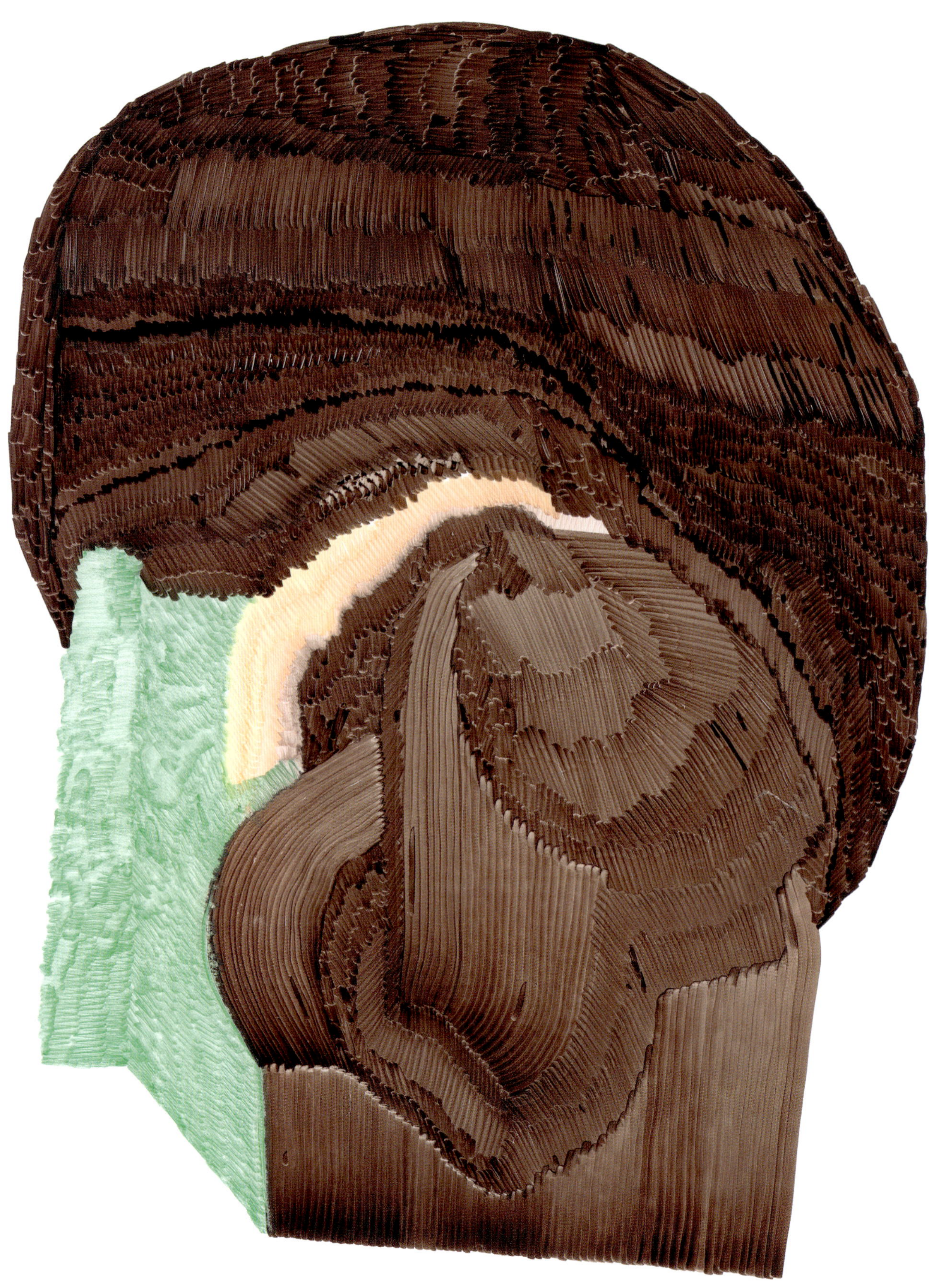

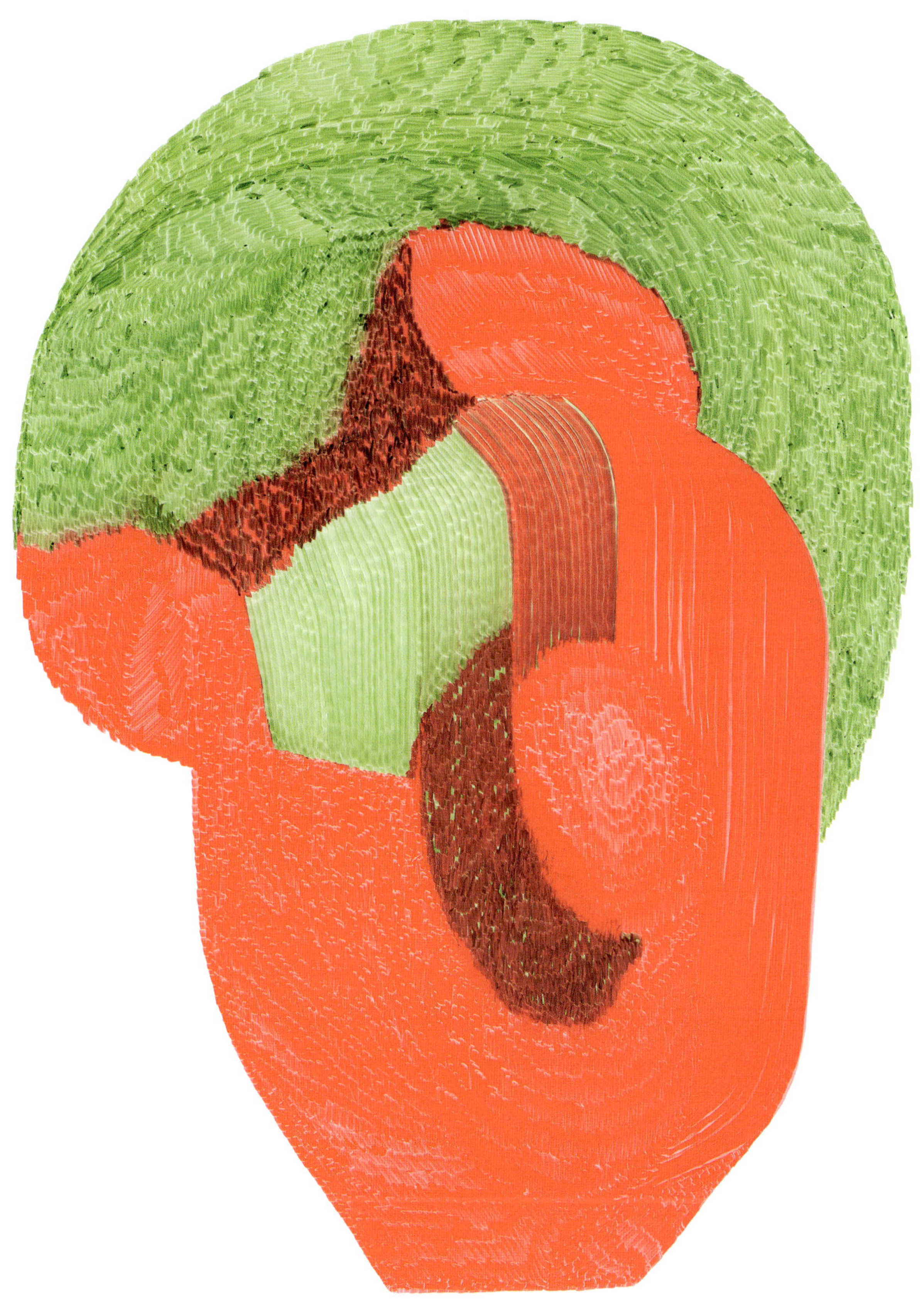

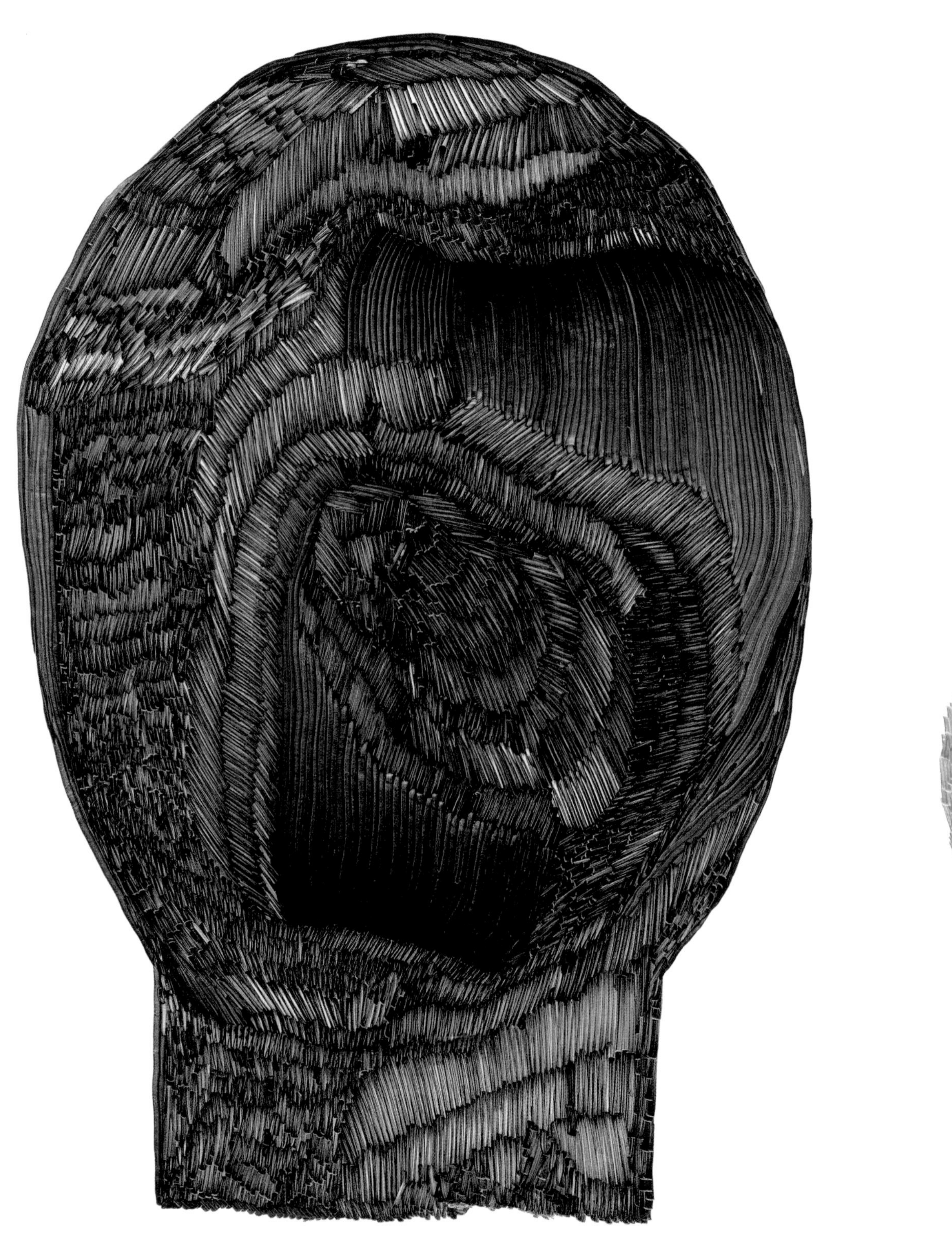

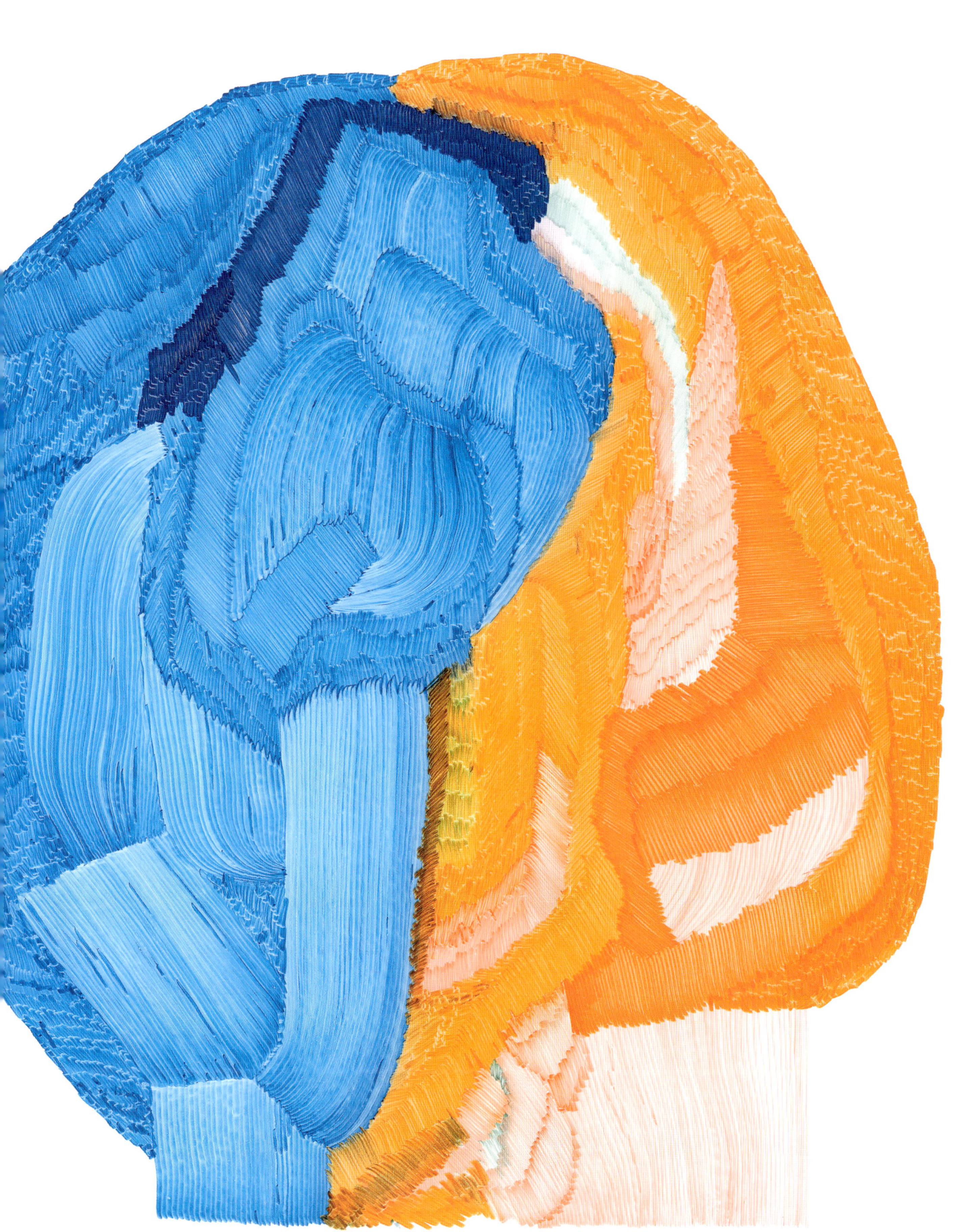

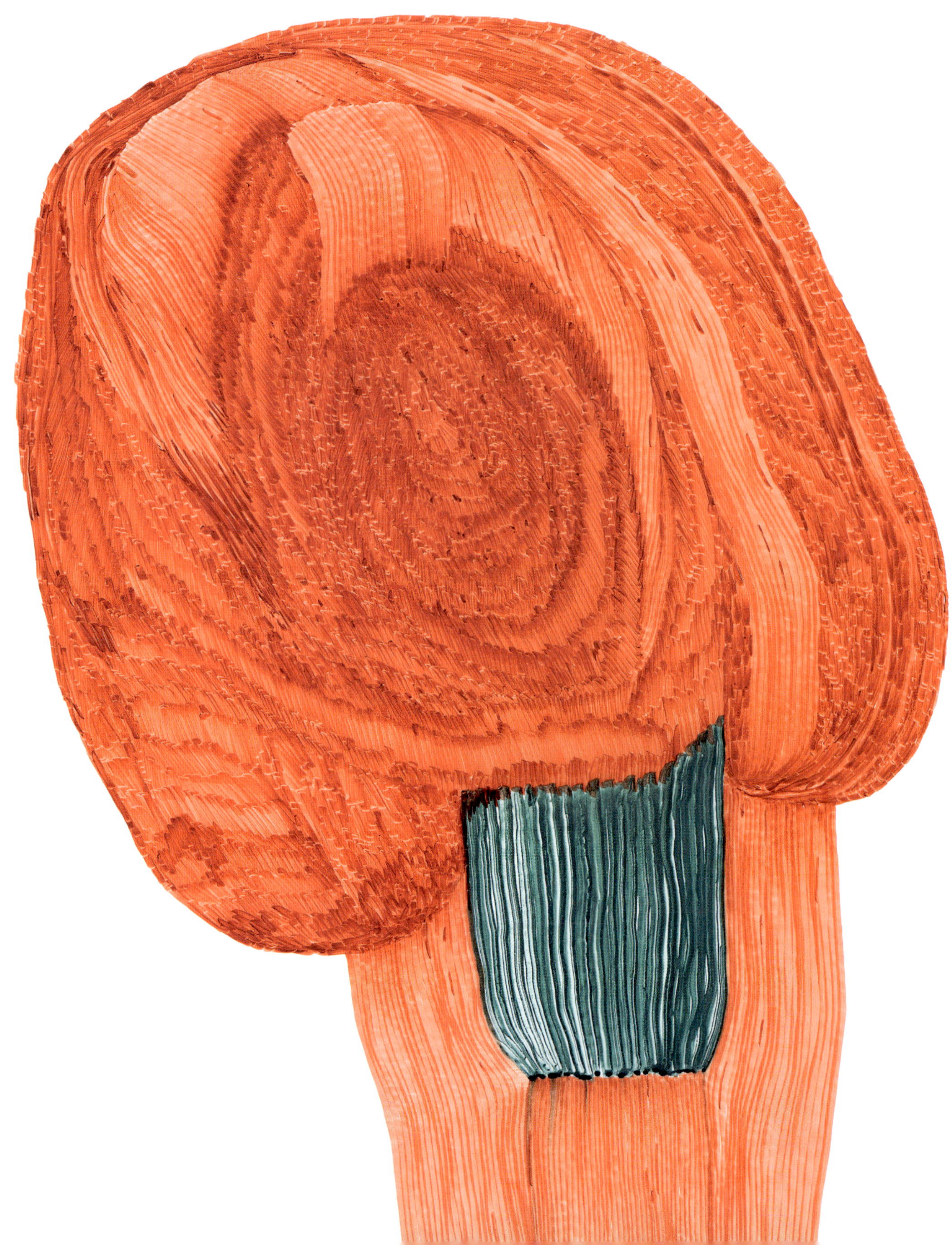